Les

Grandes Filles

—

1874

—

TULLE
IMPRIMERIE CRAUFFON ADMINISTRATIVE ET COMMERCIALE
—
1883

Les Grandes Filles

Les Grandes Filles

1874

TULLE

IMPRIMERIE CRAUFFON ADMINISTRATIVE ET COMMERCIALE

1883

Tiré a cinquante exemplaires

N°

A MADAME ....., INSTITUTRICE

Vous vous souvenez sans doute d'une petite boîte d'allumettes-bougies que j'ouvris un soir devant vous, pour vous montrer, par une comparaison saisissante, ce que doit être le travail de formation, l'éducation d'un être, quand on connaît parfaitement son but dans la vie et les fonctions qu'il doit y remplir. — Le but d'une allumette est parfaitement défini : c'est de conserver le feu jusqu'au moment où elle doit le transmettre, pour satisfaire à un désir, à une nécessité de la créature humaine : le besoin de lumière et de chaleur.

Pour continuer la comparaison, voyez que de perfectionnements on a apportés aux moyens de se procurer du feu, depuis la période sauvage ; le premier moyen consistait à forcer un cône de bois en le tournant rapidement dans une planche très sèche ; puis le soufre au bout d'une bûchette, ce qui n'était qu'un moyen de se procurer de la flamme, puis le briquet à air comprimé, le cylindre Fumade, le phosphore, et enfin ces jolies petites allumettes en cire, blanches avec leur petite tête grise, que le moindre frottement enflamme, qui gardent, comme les Vestales, la chaleur et la lumière! Pourquoi ces perfectionnements ont-ils suivi leur route ascendante? c'est que le but est parfaitement déterminé. — Les allumettes ne sont destinées dans leur vie, si courte, qu'à une seule chose, produire une flamme qui éclaire d'abord, et qui sert à mettre le feu aux combustibles destinés à chauffer : chaleur et lumière.

Si le rôle de la femme dans l'humanité était aussi bien défini, ou plutôt s'il était le même pour toutes, le perfectionnement de l'éducation marcherait vite, chaque jour verrait naître un nouveau progrès. — Mais il n'en est pas ainsi. — Jamais il n'est tombé dans l'idée de personne d'inventer des allumettes qui ne donnent ni chaleur ni lumière, ou qui s'éteindront avant d'avoir brillé. — Eh bien il est tombé dans l'idée des hommes de créer, par l'éducation, des femmes qui n'auront ni cœur, ni intelligence, ni beauté, et qui par conséquent seront inutiles, à moins qu'elles ne soient dangereuses.

Le malheur en éducation vient absolument du manque d'*idéal*. — Si vous voulez écrire sur une feuille blanche, vous voyez déjà devant vous les lignes tracées, les mots séparés, les lettres formées dans tel ou tel système, cursive, ronde, etc., vous vous efforcez de suivre pas à pas ce que vous avez déjà dans votre imagination, d'atteindre votre but qui est celui-ci : faire le mieux possible.

Je vous étonnerai en vous disant : « La fille est la seule chose, dans ce monde, dont on ne sait ce qu'on fera. » — Il y a tant de chemins détournés, de routes diverses, qu'on s'en remet à la grâce de Dieu ou à une éducation qui les forme pour un but qu'elles ne doivent jamais atteindre.

Il est de principe en partant pour un long voyage de se munir de tous les objets au moins indispensables dans une situation à prévoir, on emporte une pharmacie, des livres, des tentes, etc., c'est de la plus vulgaire prudence. — La femme, on l'embarque dans la vie sans lui faire cadeau seulement d'une boussole, d'une montre, d'une lunette et d'une carte du pays. — Après, si elle fait naufrage, si elle va donner contre les écueils, si elle a seulement le mal de mer, on se moque d'elle ou souvent on la châtie, et ce ne sont pas ceux qui ont causé sa perte qui sont les moins acharnés. Comme vous êtes destinée à voir, dans le cours de votre existence, beaucoup de grandes filles, je voudrais au moins vous enseigner ce que sont dans le voyage de la vie la boussole, la montre, la lunette et la carte d'un pays inconnu de vous, mais que d'autres ont souvent traversé. — La vie est un voyage, cela n'est pas nouveau, mais ce qui serait nouveau ce serait une méthode pour arriver au but de sa course sans chute, sans accident, sans grande fatigue, et en jouissant de tout ce que le chemin peut offrir de bon, de beau et de bien.

On a remarqué et ceci est presque prouvé, que les femmes distinguées ont été élevées par des hommes. — Je l'explique par la nécessité d'équilibre. — Instinctivement on cherche à attirer l'attention de ses semblables par des moyens différents il est vrai ; chez les femmes, c'est la coquetterie, chez les hommes, c'est la supériorité intellectuelle. — Quand une femme est élevée par un homme, elle poursuit les deux buts à la fois et souvent elle les atteint, et, comme a dit Labruyère, c'est une belle femme avec les qualités d'un honnête homme. — Les hommes élevés par les femmes puisent dans cette éducation un respect du sexe qu'ils n'apprendraient pas ailleurs. — Il faut donc aux grandes demoiselles un commerce continu avec des hommes qui ne veulent être que leur ami, aux jeunes gens des rapports nombreux avec des femmes qui ne peuvent devenir leur maîtresse (maîtresses en sensation, que cela soit bien compris).

Se charger de l'éducation d'une grande fille c'est une mission très dangereuse, les confesseurs en savent quelque chose ; ils ont fait vœu de chasteté, c'est leur affaire; ils ne l'entreprennent qu'au point de vue de la sensation. — Ils font détailler point par point toutes les piqûres de la chair, ils sont dans leur rôle. — Les amis procèdent autrement. — Pour eux le corps est une guenille à laquelle ils ne portent aucun intérêt. — Ils ne s'occupent que du sentiment et de la connaissance, les deux choses importantes de l'humanité. — Que leur importe le sang qui monte à la tête ou en descend, l'épilepsie ou la catalepsie qui accompagne le contact de l'homme et de la femme! Leur affaire est justement de ne rendre ce contact possible que dans le cas où le sentiment est épuisé. — Le contact n'est que le corollaire, ou la récompense, si l'on veut, de la lutte qu'on a engagée pour l'éloigner le plus possible. — Demandez à toutes les femmes, elles se regardent comme vaincues, et l'homme appellera cela une conquête. — Triste conquête, qui ressemble à la conversion d'un mourant, quand il n'a plus ni raison ni force.

Le nombre des grandes filles et des grands garçons qui commencent leur roman par la fin et qui se privent ainsi du plus grand bonheur de l'existence, a toujours été dans la même proportion, quoiqu'en disent les moralistes; il ne faut pas croire que l'humanité libre soit meilleure ou pire à une époque qu'à une autre; seulement l'attrait du fruit défendu est resté le même depuis Eve et son serpent. — Sans la curiosité il n'y a pas de marche possible, c'est déjà un progrès de se croire à un jour donné plus malheureux que la veille, on fera des efforts pour changer; le mal nous force à sortir de notre état actuel par une bonne résolution.

J'ai cherché dans les auteurs anciens, dans les livres grecs, hébreux, sanskrits, latins, etc., comment les grandes filles expriment les trois degrés de leur penchant : connaissance, sentiment et sensation; et j'avoue à la honte du sexe que les mots de pur sentiment sont très rares.

Quant à la connaissance, c'est un autre ordre d'idées, les femmes qui s'y jettent, sans le contrepoids de leur cœur, n'ont plus que leurs habits pour les distinguer des hommes, elles vont même plus loin qu'eux dans l'abus du raisonnement pour justifier des actes, souvent politiques, que les hommes les moins scrupuleux se hâteraient de désavouer.

Quant à la sensation, elle se mêle à tout, même aux élans de l'amour divin; elle est exprimée toujours dans les mêmes termes; les Nymphes, les Bergères, la Sulamite, etc., etc., prennent toujours pour idéal le moment où elles se trouveront en contact avec l'objet de leur amour; elles ne voient rien au delà; elles ont l'idée parfaitement nette de ce qu'elles espèrent et dont elles pressent la réalisation. — Mais il y a un moment intermédiaire, très court, où la jeune fille n'a pas la connaissance de ce qu'elle demande par instinct aux ruisseaux, aux bois. — En général ces expressions sont peu réservées, et ce que nous lisons dans les livres c'est la pure sensation. — Par un hasard heureux, j'ai trouvé quelques strophes écrites par une jeune fille entièrement livrée à son naturel, elles reproduisent en perfection ce moment si court où l'âme résiste à l'entraînement des sens.

Nous ne sommes ni anges ni bêtes : c'est justement cet équilibre entre l'ange et la bête que le sentiment doit maintenir; voilà où doit tendre l'éducation des grandes demoiselles. Malheureusement la société récompense mal les efforts pour rester dans la bonne voie; les femmes sensation ont tout : l'argent, les hommages, les jouissances d'amour-propre. Il est vrai qu'étant passées à l'état de bêtes, elles cherchent en vain à retrouver un peu du sentiment dont elles comprennent la haute valeur dans une vie moins agitée, mais l'instinct l'emporte toujours, et quand elles ont rencontré un véritable ami de cœur, elles n'ont ni repos ni cesse qu'elles ne l'aient plongé dans la sensation.

J'ai eu la bonne fortune d'étudier ces trois types de la nature féminine, il me sera donc facile de vous en donner un portrait. — Elles ne se ressemblent en aucune manière et n'ont de commun que le nom et encore les premières sont des hommes manqués, les dernières des brutes ou des femelles, il n'y a que les secondes qui méritent le nom de femmes.

La grande fille connaissance est ordinairement dévote ; elle lit beaucoup les ouvrages de piété et sait par cœur tout ce qu'il faut pour gagner le ciel. — Elle a des systèmes bien arrêtés sur sa conduite et sur celle des autres; mesurant tout à son pied, elle méprise ce qu'elle ne peut comprendre. — Elle se mêle de bonne heure aux intrigues de sacristie, à la politique qui consiste à désirer et à hâter la perte de tous ceux qui diffèrent par les idées ou par les espérances, c'est un être au moins ennuyeux avec lequel on serait fâché d'être contraint de vivre. — Elle ne parle jamais que d'elle ou des amis qui peuvent lui faire honneur ; elle a des prétentions au langage recherché et fait preuve de pédantisme et souvent d'ignorance. Elle se croit supérieure en tout et voudrait qu'on la plaigne d'être obligée de s'occuper des soins matériels. — C'est par la charité qu'elle manque ; elle voit les défauts du prochain au travers d'une lunette qui grossit et déforme les objets. — Ce qui la caractérise surtout, c'est un profond mépris de l'humanité ; elle est la première à rire du malheur de ses amies et se contente de dire : — C'est bien fait; le bon Dieu l'a punie ! — Les couvents où l'on mène une vie contemplative semblent faits exprès pour cette sorte de créatures; et c'est sans le moindre regret que ses parents la voient enfermer pour le reste de ses jours. Cet ange d'église est un diable de maison, mais un idéal de perfection chrétienne. — On la donne sans cesse pour exemple. — Quand elle arrive à la vieillesse dans les mêmes conditions elle se croit infaillible comme le pape lui-même. — Est-elle pauvre ? elle gagnera sa vie par une foule de bassesses dont l'espionnage et la délation sont peut-être les moindres. Est-elle riche ? on lui passe tout parce qu'on attend sa succession. — Nous n'avons pas à la suivre dans son ménage, puisque la femme mariée est complètement en dehors de ces observations.

La fille sensation est moins rare qu'on ne le suppose, seulement elle a appris de bonne heure à dissimuler, sous les apparences du sentiment, l'instinct qui la pousse au contact de l'homme, parce que c'est un homme. Je retrouve dans mes souvenirs une anecdote qui fera comprendre la nature intime de cette espèce du genre féminin.

Il y a déjà bien longtemps, j'étais chez un de mes amis, un savant ; et nous parcourions ses archives d'homme du monde ; je rencontrai sous ma main un petit album, forme oblongue, avec des initiales sur la couverture ; il contenait à chaque page des réflexions sur les hommes des différents états ; l'auteur avait dû penser beaucoup et beaucoup retenir.

— Ceci, dit mon ami, vient d'une singulière fille, institutrice dans une des plus nobles familles de Hollande. — Je l'ai eue pour maîtresse quand elle était surveillante dans un pensionnat de Saint-Cloud ; mais je partageais avec un officier de hussards. — Quand elle eut rompu avec lui, elle copia, pour moi, une page de son journal, c'était le récit de notre première entrevue. — Je la recommande à votre attention. — Il chercha à la lettre *c* et trouva facilement une page d'une écriture assez capricieuse, que je vais rappeler de souvenir :

« Saint-Cloud. — Septembre 1835. — J'ai fait connaissance aujourd'hui avec un singulier personnage, je ne sais si je le reverrai jamais, il est avocat. — J'étais après-dîner, dans le jardin de Mme X..., quand je l'aperçus à sa fenêtre, je tenais une lettre, — il écarta un peu la persienne et me dit : « Mademoiselle a besoin d'un pain à cacheter, je vais lui en jeter un. — Je monterai bien le chercher moi-même, » lui dis-je. — Sa figure m'avait paru originale. — Je montai rapidement l'escalier. — Je m'assis sans façon, sur la première chaise venue, et nous nous mîmes à causer, la tournure de son esprit n'était pas moins originale que sa figure ; les heures s'écoulèrent fort vite. « Huit heures ! dis-je tout à coup ; il faut que je sois rentrée à neuf. » Il m'offrit son bras que j'acceptai jusqu'à moitié chemin et je courus, après, chez l'officier, car, en réalité, je ne devais rentrer au pensionnat qu'à dix heures. — Il me fit les honneurs de son nouveau logement : « Cette selle, me dit-il, c'est la selle de ton seigneur et maître ; » ce lit, me dit-il, c'est le lit de ton seigneur et maître, et..... à dix heures j'étais rentrée à la pension. Je me couchai à côté de ma compagne, celle que j'avais chargée de me remplacer pendant douze heures. — « Tu viens de chez ton soldat, Julie, me dit-elle ; tu l'aimes donc bien ? — Moi ! pas le moins du monde. — C'est égal, dit-elle, coucher avec un homme qu'on n'aime pas ce doit être un horrible supplice. — Mais non, lui dis-je, c'est bon tout de même... » et nous nous endormîmes. »

Quant à la fille pur sentiment, c'est un oiseau rare, et si quelqu'un l'a trouvé je lui serai obligé de m'envoyer une lettre de faire part. — Chez la plupart c'est dissimulation ; ou une ignorance, difficile à admettre, dù but pour lequel elles se sentent instinctivement créées ; une espèce d'équilibre instable qui doit faire pencher son objet du côté de la sensation ; c'est un moment d'une durée inappréciable.

La jeune fille sentiment a commencé à porter son affection désintéressée sur sa famille : elle a presque toujours servi de mère à ses sœurs, de soutien à ses parents ; ce besoin d'aimer, elle le reporte sur un jeune homme auquel elle se trouve liée par hasard. — Alors, tous les trésors d'affection qu'elle gardait dans son cœur elle les répand sur lui. — C'est la bonne semence, mais elle rencontre presque toujours une mauvaise terre ; comme dans la parabole, une partie tombe sur la pierre, l'autre dans les épines. — Mais la Foi, la Charité et l'Espérance la soutiennent, jusqu'au moment où le bandeau tombe de ses yeux.

J'ai cherché à classer les grandes filles selon leur mobile dominant ; mais il faut compter sur la dissimulation et le mensonge, que leur état de femme, dans une civilisation encore peu avancée, leur rend indispensable. Elles exploitent la bêtise masculine, elles réussissent souvent, mais plus souvent elles font fausse route. — Quand on a lu quelques romans (en général écrits par des hommes) on peut se faire un recueil de mots à sensation qui vont droit au cœur comme une flèche. — Il n'est pas de créature du sexe appelé fort qui n'eût été flatté d'entendre ce mot qui me fut dit : « Je finirai par mourir à l'hôpital, » disais-je. — « Ce jour là je me ferai infirmière, » fut-il répondu. Quelque temps après je trouvai ce mot dans un vieux feuilleton. — Rien n'est plus aisé à feindre que le sentiment, la moindre parole dite avec une voix qui semble émue, une voix d'oiseau, pénètre jusqu'à l'âme. — Mais il faut surtout se défier de ce jeu de théâtre ;

avec un peu d'étude, homme ou femme, on y devient parfaitement habile.

Dans notre civilisation provisoire, entre le passé qui avait peut-être du bon, et l'avenir que nous ne pouvons même soupçonner d'après le présent, c'est un grand malheur d'aimer, tant d'un côté que de l'autre. Etre aimée peut avoir, au contraire, pour la femme un résultat qu'elle doit chercher à atteindre par tous les moyens; pour l'homme être aimé, cela ressemble bien à un paradoxe, c'est encore un malheur.

On aime par hasard autant d'un côté que de l'autre, mais la femme peut se faire aimer, peut *forcer la main*, comme on dit; aussi quelques conseils en ce sens seront très utiles aux grandes filles. — Les laides font des passions, les belles ne font que des caprices.

Le grand soin de la femme doit être de chercher la grâce, quand elle ne la possède pas naturellement comme les oiseaux et les fleurs. — La grâce est tout; sans elle les avantages naturels amènent vite une réaction. — Par exemple, la plus belle fille, si elle ne sait ni manger, ni dormir avec grâce, produira sans le savoir une espèce de répulsion dont il lui est impossible de se bien rendre compte, elle la portera sans cesse avec elle.

Tous les mouvements du corps doivent être étudiés;

si l'on trouve un ami tant soit peu artiste, et qui surtout ne soit point égaré par la passion du moment, on aura là-dessus de sages conseils.

Regardez un album de photographies, album de gens que vous ne connaissez pas, où, par conséquent, vous n'avez pas à vous occuper de ressemblance; quelles caricatures que la plupart des portraits! — L'ami doit être comme un habile photographe, il vous indique la pose qui fera le mieux valoir vos avantages ou dissimulera vos défauts. — Faire pardonner les imperfections à force de grâce dans l'esprit et dans le cœur, c'est ce qui produit la supériorité des femmes laides et inspire la passion. — Les femmes qui se croient belles pensent n'avoir rien à faire qu'à montrer leur personne. Elles gâtent les meilleures choses par l'absence de grâce, et si elles inspirent un caprice, il est bientôt passé, et on ne voit plus que leurs imperfections.

Commençons par la grâce du corps ; même dans les métiers les plus pénibles, certaines jeunes personnes savent donner à leurs mouvements une tournure qui prévient en leur faveur ; il y a dans la tête, dans le col, dans les bras, dans les mains, dans le torse, dans le genou, dans le pied, une certaine aisance, sans brusquerie, qui attire le regard et le fixe. — Considérez au contraire dans la classe élevée les manières de se poser au piano, de manger un fruit, de s'asseoir, de se lever, de danser; pour peu qu'on ait le sentiment artistique, on éprouve à les regarder un malaise dont on se rend parfaitement compte, qui vous éloigne, qui vous repousse, comme tout ce qui manque le but, comme l'exhibition d'un cheval ou d'un chien sur les pattes de derrière.

Il est pourtant si facile à une femme, qui veut s'en donner la peine, de devenir, par sa grâce, *irrésistible;* comme l'on dit. — Qu'elle choisisse de bons modèles, si elle n'est pas assez artiste pour distinguer le beau dans une attitude ou dans un mouvement.

Cherchons d'abord la grâce d'attitude ou de mouvement, c'est celle qui charme le commun des martyrs, nous aurons plus tard à chercher la grâce de l'esprit, quant au cœur il a sa grâce spéciale qu'on peut imiter ou contrefaire, mais qui ne se remplace jamais.

Dans les villes célèbres de l'antiquité à Athènes, à Rome, à Corinthe surtout, la grâce du corps était une étude de tous les instants. A peine les yeux ouverts, le jeune enfant se trouvait en présence de statues innombrables, dont il nous reste à peine quelques spécimens, toutes les attitudes étaient figées dans le marbre et on les prenait pour modèle. — On s'agenouillait comme la Vénus accroupie, on portait ses bras comme la Vénus de Médicis, on donnait à son torse le mouvement de la Vénus de Milo; on essayait à attacher ses sandales comme Diane, ou comme Minerve, à se draper comme mille merveilles. — Il en résultait une multitude de recherches dans le costume et dans les accessoires, bracelets, bandeaux, mitres, sandales, etc. — Ceux qui admiraient étaient aussi artistes que celles qui inventaient ou imitaient. Chacun instinctivement était son coupeur, son tailleur, son cordonnier; on n'avait pas besoin de demander, comme de nos jours, les conseils d'un artisan se faisant passer pour artiste.

Une immense chemise relevée, suivant l'âge ou la taille, par une ceinture, et retombant à beaux plis, sur la poitrine, les jambes et les bras nus, des sandales attachées à la jambe ou retenues par l'orteil, un galon blanc relevant des cheveux noirs emprisonnés, et c'était toute la toilette d'une grande fille, quand elle était belle; quand elle n'était pas belle, elle se faisait riche, alors bracelets au biceps et au poignet, pendants d'oreille, anneaux d'or et d'argent, épingles dans les cheveux, cothurnes, knémides qu'elle empruntait aux hommes, un peu de rouge sur les joues; haute coiffure quand elle est petite, cheveux flottants quand elle est grande; mais toujours des attitudes ou des mouvements naturels, ou tellement étudiés qu'ils le paraissaient.

Maintenant, ce n'est plus cela, il y a une mode; le grand art, c'est de faire plier la mode, d'ajuster son corps aux exigences du moment. — Heureusement on annonce tous les ans que cette anomalie ne durera guère et que nous reviendrons aux errements primitifs;

alors chacun fera la mode pour soi au lieu de se contrefaire pour la mode.

Il faut d'abord sentir, éprouver dans son âme ce je ne sais quoi qui vous révèle le bon, le beau et le bien. Le goût est de toutes les manifestations ; aussi ce mot s'applique-t-il aux œuvres humaines les plus diverses, qu'elles aient pour but le corps, le cœur ou l'esprit. — Un cuisinier a du goût, un peintre, une institutrice, ont du goût. — Le cuisinier fait quelque chose de bon, le peintre quelque chose de beau et l'institutrice quelque chose de bien. — Et tout cela avec la grâce en dépit de toute mode et de tout parti pris.

Il faut apprendre à sentir, comme il faut apprendre la musique ou le dessin ; on peut avoir des dispositions, du génie peut-être, mais pour acquérir un talent, on doit sentir par la vue, l'ouïe, etc. — Dès qu'une sensation, un sentiment ou un raisonnement vous paraîtront alors étranges, c'est qu'ils seront en dehors du bon, du beau ou du bien, ou, pour tout résumer, en dehors du vrai.

Dans cette recherche, dans cet apprentissage, rien n'égare comme la passion du moment, l'engouement du jour ; aussi ces études doivent-elles être faites de bonne heure, à l'âge où on ne connaît encore ni l'amour, ni la haine.

Si j'avais une petite fille à élever au rang de grande demoiselle, je commencerais à la fois l'éducation de son corps, de son cœur et de son esprit.

Le matin tout pour la santé, rien que pour la santé, des ablutions, des promenades, des exercices ; la fatigue des muscles du corps, la sueur inondant tous les membres, puis linge sec, vêtement de laine, repos et repas assaisonné par l'appétit gagné dans les courses.

A midi, dessin, musique, lectures fortifiantes des chefs-d'œuvres de la poésie, des romans sains, exaltant le cœur ; quand je la verrai pleurer au récit d'une belle action, à la vue d'un beau tableau, à l'audition d'une symphonie, je serais heureux pour elle. — Belles tapisseries, belles dentelles, bijoux artistiques, étoffes aux couleurs harmonieuses, je lui mettrais tout sous les yeux. — Puis repos absolu, et repas du soir toujours délicat.

Après souper, ce qu'on appelle les choses ennuyeuses ; mais auxquelles elle finirait par s'intéresser, lecture à haute voix, écriture, histoire et géographie, calcul, dernière promenade pour apprendre le nom des étoiles, la position des planètes, l'heure du lever et du coucher de la lune ; en rentrant, notes sur ce qu'on a appris dans la journée. — Puis sommeil profond sur une dure couchette ou dans un hamac, suivant la saison.

A ce régime là, vers douze ans, elle aurait acquis toutes les grâces du corps et de l'intelligence; puisque les grâces du cœur ne s'apprennent pas. — Et si Dieu l'en avait douée quelle femme parfaite, à seize ans, pour un homme qui s'aurait apprécier sa valeur!

Malheureusement, vers cet âge, une crise se fait sentir, elle est difficile à conjurer. — Tous les sept ans nous subissons une émeute du corps; il est poussé de plus en plus vers la sensation, vague d'abord et sans objet, une espèce d'instinct entraîne la jeune fille vers sa fin, qui n'est autre que la reproduction d'un être semblable à elle; elle y est entraînée par un pressentiment de plaisir physique; ce plaisir n'est en réalité que la sécrétion de certaines humeurs par des glandes spéciales à chacun de nos organes. — C'est comme de l'huile dans une machine; quelques gouttes répandues et les rouages se meuvent avec une facilité jusqu'alors inconnue, ils font mouvoir les engrenages d'autres roues, absolument comme dans une montre, un cran en fait mouvoir d'autres, pour arriver au but de l'horloge : marquer l'heure. — La Physiologie moderne est arrivée là dessus à des découvertes qu'on n'eut pas osé prévoir. — Tout est fait dans la nature pour favoriser le contact de deux éléments qui, réunis, donneront l'existence à un nouvel être.

Les plantes ont le vent, les dimensions calculées des étamines et des pistils; les animaux ont l'attraction l'odeur, l'excitation de la couleur, de l'élégance, de la grâce, la crainte du résultat de la lutte et la joie du triomphe. — Entre l'homme et la femme il y a mille moyens d'attraction, de rapprochement, le cœur, l'esprit, l'échange de l'électricité qui forme courant. — En qualité de créatures raisonnables nous nous sommes imposé la morale, la conscience, l'estime de l'avenir et les conséquences probables, qui nous empêchent de rester tout à fait instinct et sensation. — La continuité du désir nous aide encore puissamment à nous tenir au-dessus des autres animaux.

L'équilibre, toujours l'équilibre entre la tête et le corps, avec le cœur pour tenir la balance; c'est le but qu'on doit chercher à atteindre.

Il est si facile de le dépasser ce but, si le plateau qui contient la cervelle entraîne la balance; le danger est tout aussi grand dans le cas contraire, celui où le corps fait tout pencher de son côté.

La femme sensation soigne sa petite personne, elle cherche à paraître belle ; la femme connaissance se fait hideuse à plaisir. — La première se laisse entraîner, l'autre résiste, pourquoi ? Pour se faire un mérite, une supériorité, la seule qu'il soit donné à toute fille d'obtenir. — Un peu de cœur de part ou d'autre ne serait certainement pas de trop.

Il est une vieille comparaison qui traîne dans tous les livres : La biche blessée emporte avec elle le trait qui doit la faire mourir. — C'est ancien comme le monde et peut-être vrai par cela même. — Frappée par hasard ou à dessein, la jeune fille emporte avec elle la première impression de la blessure et la garde éternellement. — Pour être plus près de la vérité il faudrait dire : le premier amour qui entre dans le cœur, s'y enferme, la clef en dedans, et personne ne peut plus y pénétrer. — Cela n'est pas applicable aux hommes.

La morale des anciens, la plus pure qu'on ait prêchée, a été faite pour les hommes. La femme comptait pour bien peu dans cette civilisation ; elle tenait le milieu entre l'esclave et l'homme libre. — Aujourd'hui qu'elle est élevée à la dignité d'être responsable, il est bon de lui faire connaître comment se forment les grandes âmes, les grands caractères.

Epictète donne trois *remèdes,* infaillibles selon les Stoïciens, contre tous les malheurs qui peuvent arriver dans l'existence humaine : la *continence,* la *résignation* et la *patience;* mais il faut savoir choisir le remède qui convient à chaque maladie, et ne pas les prendre au hasard.

La *continence* nous garantit des entraînements de la

chair, la *résignation* nous fait supporter les travaux pénibles auxquels nous sommes condamnés, la *patience* est contre les calomnies, les injures, les persécutions. — Tout est compris dans cette ordonnance du médecin des âmes. — Examinons-les de plus près.

Dans la crise dont nous venons de parler, l'amour qui mord au cœur de la jeune fille presqu'encore enfant, l'équilibre entre la tête et le corps, avec le cœur pour maintenir la balance, c'est au premier remède qu'il faut recourir. — Mais il est difficile à appliquer ; cet ébranlement de tout le système nerveux ce trouble dans les fonctions vitales, exige une réaction plus forte que l'action elle-même ; c'est cette continence qui est recommandée aux hommes, mais les femmes peuvent aussi en profiter. — Elles doivent à une providence spéciale le moyen de sortir dé la triste condition des femelles des animaux, de ne pas perdre entièrement la lueur d'intelligence qui les arrête au bord du précipice ; elles peuvent avoir le temps de se répéter ce grand mot : *Après !* et de calculer les conséquences d'un moment d'oubli, mais cet instant est si court ! Décidément le terme de continence, qui signifie impassibilité, est plutôt applicable à l'autre partie du genre humain.

Les expériences physiologiques récentes prouvent

que le moindre dérangement des lobes du cerveau ramène l'animal à l'état de machine et l'homme à l'état d'animal. — Si l'amour sensation, n'est qu'une épilepsie d'un moment, pourquoi n'avons-nous pas assez de force ou de volonté pour maintenir notre cerveau dans sa solidité acquise par le travail intellectuel ? C'est parce qu'il y a un instinct à combattre ; toute la volonté possible n'arrêterait pas les fonctions de l'estomac. Voilà pour la continence. — C'est un remède plus vanté qu'il ne le mérite. — Il suppose dans l'homme ou la femme une force que les plus grands philosophes n'ont pu indéfiniment conserver. — Nous n'avons parlé que du remède intellectuel, le remède moral est plus sûr, avec une passion chaste dans le cœur, un amour vrai, toutes les tentatives de la chair sont impuissantes, excepté peut-être l'entraînement vers l'objet aimé. — Quant aux remèdes physiques il y a le plus grand danger à s'en servir à cause de la réaction qui se déclare tôt ou tard par le trouble des fonctions du cerveau ; bien des cas de folie n'ont pas d'autre cause.

Le travail est une condition de notre nature parce que nous sommes obligés de *lutter pour l'existence*. — La liberté ne consiste pas à pouvoir ne rien faire, mais à travailler à ce qu'on veut et quand on veut. — Nous sommes loin d'avoir la liberté ; nous devons travailler à ce qui nous déplaît et au moment où nous aurions besoin de repos. — Aussi après la peine de mort, la peine des *travaux forcés* est-elle la plus grave qu'on ait pu imaginer. — Nous sommes tous plus ou moins condamnés aux travaux forcés à perpétuité ; aussi la *résignation* est un excellent remède de l'âme. — Il y aurait un meilleur remède encore, ce serait de prendre à cœur, de finir par aimer, les travaux les plus pénibles et les plus désagréables. — L'espoir d'un profit ou d'une récompense, la crainte d'un châtiment tiennent ordinairement la place de la *résignation :* il est fort heureux qu'il en soit ainsi pour le maintien de la société, mais la *résignation* seule est méritoire et nous devons réserver pour elle tous nos respects.

Est bien fou du cerveau
Qui prétend contenter tout le monde et son père,

a dit La Fontaine. — Tout passe, tout casse, tout lasse, dit un vieux proverbe. — Cela signifie d'abord que nous ne pouvons échapper aux persécutions, aux calomnies et aux injustices, ensuite nous apprenons le peu de durée des choses de ce monde. — Accoutumons-nous donc à la *patience.* — Attendre sans espérer, ou attendre sans craindre, entre ces deux extrémités se place, cette vertu, cette force. — Dès que nous sommes en butte aux calomnies, aux persécutions, aux injustices, nous avons parfaitement le droit de nous plaindre, de crier même, cela soulage un moment ; mais ne faisons rien qui puisse empirer nôtre mal ; surtout ne perdons pas courage, ne désespérons pas de l'avenir. — Le suicide est une lâcheté qui ne répare rien, la dernière sottise qu'on puisse faire. — Souvenons-nous du proverbe indien : « Pas de malheur durable, pas de bonheur durable, le malheur et le bonheur tournent en rond autour de l'homme. » — C'est toujours quand la situation paraît désespérée que la chance tourne, ou que la mort vient nous délivrer de ce que nous appelons des malheurs, quand nous n'avons pas connu les grandes douleurs et les grandes afflictions.

Je ne dirai rien de la patience et de la résignation dans les maladies du corps, puisque dans ces crises, nous sommes sous la domination des nerfs, et tellement devenus sensation, sans équilibre possible, qu'il vaut mieux encore se laisser-tomber que d'essayer, contre la douleur, une lutte impossible. — Alors la patience devient simplement une application à tenir le corps immobile. — Et sommes-nous bien sûrs que cela dépend de notre volonté ?

Jusqu'ici nous n'avons pas parlé de la religion ; ce mot en lui-même n'emporte que l'idée d'un *lien* qui relie plusieurs personnes aux mêmes idées et aux mêmes croyances. — Aussi le nombre des religions est infini. — On a inventé le terme de *religion naturelle,* qui lui-même, aussi, signifie encore moins, car il se confond avec la philosophie.

Le mot religion signifie maintenant : *science des choses surnaturelles,* comme s'il y avait une science en dehors de l'expérimentation quotidienne. — Nous sommes toujours poussés instinctivement vers la solution de problèmes insolubles, nous cherchons à deviner au lieu de nous avouer franchement que nous ne saurons jamais rien sur la nature de la matière et de la pensée. — Nous aimons mieux adopter d'anciennes idées, la plupart du temps absurdes, comme des enfants à qui l'on explique le mouvement d'une montre par la présence d'un rat enfermé dans la boîte.

Il y a déjà bien des milliers d'années que les hommes, à peine sortis du moule, encore chauds de la création, ayant les tendances des animaux, mais sentant leur responsabilité, ayant l'idée de *cause* et de *but,* ont désiré savoir, sans chercher, d'où venaient leurs joies et surtout leurs malheurs. — Il s'est trouvé des habiles, ayant de l'audace et encore de l'audace, payant d'effronterie, qui ont prétendu être en rapport avec des esprits purs, et connaître, par eux, non-seulement la cause des maux, mais encore leur remède. — Plus leurs ordonnances étaient insensées et plus elles avaient de crédit. — Il suffit que nous ne comprenions pas une science pour nous figurer qu'elle renferme des mystères impénétrables. Un parchemin vieux de trois siècles, trouvé dans un grenier, inspire la vénération jusqu'à ce qu'un Paléographe ait expliqué qu'il s'agit tout simplement de l'échange de deux lopins de terre inculte. — Plus le remède est violent, plus il inspire de confiance, ainsi que, de nos jours, plus une gageure est absurde, plus on risque sa vie, plus il y a de parieurs. — Cette exploitation de la bêtise humaine durera autant que la terre que nous habitons. — Ne vient-on pas de découvrir que les hommes des cavernes se faisaient enlever un morceau du crâne, avec une pointe de silex (l'opération devait être longue et cruelle) pour se guérir, peut-être d'un maléfice!

Penser pour l'homme, et surtout pour la femme, est une fatigue, fatigue si grande que celui qui travaille du cerveau pendant cinq heures dépense plus de force que le manœuvre qui pave les rues pendant une journée. Aussi qu'elle découverte pour les habiles ! Oter à l'homme l'obligation de penser, lui faire admettre qu'une minute de grâce vaut mieux que vingt ans de travail et de recherches. — Se réserver le trésor de la grâce et s'en faire payer les parcelles! et savoir que cette exploitation de la paresse humaine existera toujours ! — Alors se pose naturellement cette question : Toutes les joies sont-elles légitimes? Est-il permis à l'homme de se mutiler moralement, sous le prétexte que l'exercice de la pensée pourrait le faire sortir de sa quiétude ?

www.ingramcontent.com/pod-product-compliance
Lightning Source LLC
LaVergne TN
LVHW052012160826
845678LV00003B/1016

* 9 7 8 2 3 2 9 6 5 2 8 9 4 *